잘 늙으면 청춘보다 아름답다

잘 늙으면 청춘보다 아름답다

2024년 7월 26일 제 1판 인쇄 발행

지 은 이 | 신애경
펴 낸 이 | 박종래
펴 낸 곳 | 도서출판 명성서림

등록번호 | 301-2014-013
주　　소 | 04625 서울시 중구 필동로 6(2층·3층)
대표전화 | 02)2277-2800
팩　　스 | 02)2277-8945
이 메 일 | ms8944@chol.com

값　20,000원
ISBN 979-11-94200-07-9

※ 잘못 만들어진 책은 바꿔 드립니다.
　　이 책 내용의 일부 또는 전부를 재사용하려면
　　반드시 저작권자의 동의를 얻어야 합니다

잘 늙으면
청춘보다 아름답다

신애경 3집

도서출판 명성서림

신애경

- 청봉 신애경
- 1959년. 8(음)월생
- 1978년 이화여고 졸업
- 1982년 방송대 법학과 입학
- 숙박업, 음식업, 속셈학원 운영
- (사) 대한숙박업 용산구지회 사무국장
- 010-7534-0521

시집을 내면서

누군가 내게 말하네
거침없이 써 내려가니 시집을 내라고
그렇게 말한다고 시집을 낼 수 있을까
밴드라는 공간에다 게시판에 글과 사진을
올려보네
표정과 댓글 읽으며 슬며시 미소 짓네
굴곡진 인생길 마디마디 울고 넘었네
하늘 향해 한 점 부끄럼 없기를 빌었던
시인의 글을 읽으며 마냥 추한 몰골만
내비칠 수밖에 없었던 나의 이야기를
세상에 내놓네.

청봉 신애경 拜上

5 / 시집을 내면서

1 그대 내게 행복을 주는 사람

12 / 그대 내게 행복을 주는 사람
14 / 기차를 타고
16 / 너나 잘하세요
19 / 하루가 저무는데
20 / 돌아서다
22 / 찾습니다
24 / 꿈보다 해몽을
27 / 거리의 여인
28 / 사람보다 귀한 선물은 없어요
30 / 양주 선배님 이야기
32 / 생활시를 쓰며
35 / 버찌가 익는 오월이다
36 / 발 사랑 이야기
38 / 섬진강 아라리
40 / 꿈의 크기가 남다르다
42 / 희망의 아침이다
44 / 의견 조율
47 / 동행
48 / 호강하다
50 / 연예인

2 누가 내 친구인가

누가 내 친구인가 / 54
선물 / 56
경성축구회 / 59
수호천사 / 60
사랑 / 63
짧은 글의 매력 / 64
새 계명 이야기 / 66
안동역에서 / 68
좋은 사람들이 있는 곳으로 / 70
봄이 오는가 봐 / 72
지우개가 필요해요 / 75
섬 처녀 / 76
고운 친구에게 / 78
싱그러운 청춘을 위하여 / 80
케니 G의 연주를 듣다 / 82
폭풍 속에서 / 84
물가에 버드나무 같은 / 86
충고 / 88
이 집 친절하네 / 90
일상의 소소한 행복 / 93

3

잘 늙으면 청춘보다 아름답다

96 / 잘 늙으면 청춘보다 아름답다
98 / 기도합니다
100 / 여자는 원래
102 / 겨울 장미
105 / 애인이 있어요
106 / 현충일에 오신 대구 오라버니
108 / 황혼의 식탁
110 / 어버이날 다음 날 오후
113 / 마음을 기대고
114 / 괜찮아, 괜찮아
117 / 어디에 서 있습니까?
118 / 세상을 품은 아이들
120 / 김창옥 티비를 보고
122 / 꿈속의 사랑
124 / 예식을 보며
126 / 봄날의 산책
129 / 나도 한때는 그랬었지
130 / 나는 모난 돌입니다
132 / 시가 좋아
134 / 알아내다

4 지구촌 나그네 하숙합니다

- 지구촌 나그네 하숙합니다 / 138
- 관찰하는 거야 / 140
- 몸값 높이기 / 143
- 배웠어요 / 144
- 흥민아 행복하게 축구하고 와 / 146
- 위대한 이슈는 / 149
- 걸을 수 있을 때 / 150
- 쓰러진다는 의미 / 152
- 자식 어려운 줄 알아라 / 154
- 언어가 예쁜 사람 / 157
- 한숨 자고 깨어나 / 158
- 저녁 메뉴 / 160
- 고미사를 아시나요 / 162
- 지구별 여행자 / 164
- 아이들을 사랑하라 / 167
- 예순네 번째 생일에 / 168
- 첫차를 타는 사람들 / 172
- 한별님 / 175
- 만남과 이별에 대하여 / 176

맺음말 / 178

그대 내게 행복을 주는 사람

그대 내게 행복을 주는 사람

누가 과연 부자일까
남몰래 보물을 추억의 창고에
차곡차곡 쌓아두는 사람
어린 시절에 좋은 옷을 부모님이
입혀주면 '나만 입을 수 없어요'
아인슈타인은 동정심 많고
기특한 아이였어요
의과대학 시절 헬레네를 만나
사랑에 빠졌어요
고민이 가득한 얼굴로
'나는 아프리카로 떠날 사람이오'
헬레네는 이렇게 대답해요
제가 간호학을 공부하면
당신을 도울 수 있겠죠
의사가 없는 아프리카에서
아인슈타인은 헬레나와
함께할 수 있었어요

기차를 타고

기적이 울리는 기차를 타고 설국을 달리고 싶다
하얗게 펼쳐진 설원을 바라보며 지나온 내 삶을
반추하며 얼룩진 눈물 자욱들 흰 눈에 덮으리
몹시도 추운 날 기차 창밖을 내다보며
어느 한 지점에 멈춘 생각은 날개를 달고 날아간다

너나 잘하세요

현실을 직시해
완벽은 없어
주어진 현실에서
최대치 끌어내 봐
없는 거 보지마
있는 거 활용해
남의 떡 보지마
내 손에 든 떡 자족해
타인의 시선 의식하지 마
내 보폭대로 걸어
일 보 전진
이 보 후퇴
누가 뭐래도 무시해
욕 좀 들으면 어때
꼰대 소리 듣지 마
어쭙잖은 참견 마
너나 잘하세요

하루가 저무는데

금요일 밤 양화대교를 건넌다
악어섬이 보이는 선유도 버스정류장
물에 잠긴 여의도 빌딩을 바라본다
당산철교를 달리는 2호선 전철의 불빛
덜컹거리는 철교의 진동이 느껴진다
조용히 깊어가는 소설의 절기
봄밤처럼 포근한 밤이다

돌아서다

가만히 돌아서다
돌아서서 생각한다
돌아서니 편안하다
편안하니 자유롭다

찾습니다

이런 길동무를 찾습니다
시를 좋아하고
그림을 좋아하고
노래를 좋아하고
라디오 FM을 좋아하고
산책을 좋아하고
사진을 좋아하고
눈빛이 맑고
미소가 풋풋한 친구를 찾습니다

꿈보다 해몽을

세상을 낙천적으로 사는 사람들
보면 부럽다
같은 상황에 나라면 어찌했을까
그 험난한 고지에서 우리는
누군가의 도움을 받는다
도와주고 이끌어 주는 이 없이 인생의
파고를 헤쳐나올 수 있을까
그 시간이 지나면 보인다
정신을 차리고 살아야 한다
어떤 일이 일어난 것도 주시해야
하지만
대응을 어떤 식으로 하는가가 더
중요하다
선택의 결과를 피하지 말자
마음을 긍정적으로 정돈해야 한다
청보리 익어가는 유월이다

거리의 여인

충무로역 계단을 저 많은
봉지를 끌고 내려갈 수 있을까
덕지덕지 겹쳐 입은 옷만큼
기역자로 꺾여진 허리만큼
안으로 안으로 감추인 사연들

사람보다 귀한 선물은 없어요

누구라도 좋은 친구 필요해요
우리 모두의 바람이지요
사람 안에 모든 것 다 들어 있어요
대화가 되고 의사소통이 된다면
순박한 미소가 피어나요
우정을 가꿀 줄 안다면
그 사람은 보물이지요

양주 선배님 이야기

우리 각자의 이야기보따리를 풀어보면
대하소설이 될 것이다
수없이 많이 등장하는 인물들의
면면을 들여다보는 일은 기쁜 일이다
선한 선비의 풍모를 지닌
양주 선배님은 아버지를 일찍 여의고
칠 남매 중 셋째로 8살부터 세상 속으로
던져진 기막힌 이야기를 듣는다
일찍 철들고 눈칫밥 먹으며
애어른이 되어야 했던 인생 이야기
유행가 가사 한 소절이 너와 나의
이야기가 되어 울먹해지는 풍경들
그래도 짝을 찾아 부모가 되었고
두 아들을 대학까지 가르쳤으며
어머니를 끝까지 돌본다
양주 선배님의
소설보다
더 소설 같은 이야기를 가슴에 담는다
손수 농사지으며 가꾸는
선배님의 손길이 더없이 아름답다

한때 산악회 회장님으로 회원들을 이끄시다
뜨거운 여름 집으로 찾아오는 후배들 위해
장작을 때며 오리백숙을 한다
선배님의 솜씨에 감동하며
백숙 국물 한 대접 들이켠다
속이 확 풀린다
언니가 하늘나라 가셔서 혼자 계신다
바다낚시가 취미시다
양주 집 정리하고
남해로 이사하셨다

생활시를 쓰며

가방끈 짧은 푼수 아지매가
파고드는 이야기
몰라서 얻어터지고
고집부리다 망한 이야기
욱하는 성질로 손해 본 이야기
누워 침 뱉는 이야기
누가 나를 뭐라 하나 맨날
제 성질에 제가 넘어간 이야기
밴댕이 소갈딱지 이야기
부모님 덕도 없고 남편 덕도
없는 이야기
동에서 뺨 맞고 서에서 분 풀다
한 대 더 맞은 이야기
속상하면 이불 뒤집어쓰고 우는 이야기
스무 살 새댁이 양가 눈치 보며 살아 온 이야기
직업 군인 가족으로 전후방 넘나들다
주민 등록 이전만 수도 없이 옮긴 이야기
컴컴한 지하방 탈출 이야기
영업을 하며 빌딩 수위 아저씨에게 수없이 쫓겨난 이야기
숙박업을 하며 현금 짭짤하게 만진 이야기

권리금 두 배 받고 좋아서 속으로
환호한 이야기
미등기 전매로 살짝살짝 돈 번 이야기

버찌가 익는 오월이다

무지개 자리 로즈가든엔
고운 색깔 장미가 탐스럽다
달콤한 장미의 향기가 은은하다
고운 장미 어떻게 담아야 하나
맑은 하늘 아래 온 산천을 달리는
젊은이들이 싱그럽다
까맣게 익은 버찌가
나무 아래 가득하다
사전 투표하고
오색시장 들러 귀가하다

발 사랑 이야기

60키로그램 내 몸무게 전체를 감당하며
신발 속에서 양말 속에서
숨을 참고 있는 너

하루 일과가 끝나면
양말 속에 있는 내 발은
드디어 세상 밖으로 나온다

양말을 세탁기에 던져 넣고
따뜻한 세숫대야 물속으로 들어간다

세숫비누로 거품을 내고 발가락
하나하나 마사지하듯 씻는다

하루의 일정을 마친 발은 피곤하지만
자랑스럽다

발가락 하나하나 만져 준다

마른 수건으로 물기를
제거하고 풋 크림을 발라 준다

김태승 원장님께 백 세로 인솔
2켤레를 선물받았다

신발 깔창을 빼고 천연가죽 깔창을 깐다
바로 신어 본다

와 이건 뭐지 좋다
내 발을 꽉 잡아 준다

섬진강 아라리

섬진강 맑은 물에
물새가 날고
금빛 은빛 물결
눈부신 햇살이 춤추네
백사장 고운 모래
남도 소리 청아하고
물소리 새소리 바람 소리
칠백 리 물길 따라
사랑이 흐르네
산허리 휘감아 돌며
봄소식을 나르네
흐르는 강물 따라
떠내려가는 여심이여

꿈의 크기가 남다르다

애청하는 프로 아침마당에 켈리 최가 나왔다
청바지에 연분홍 진달래
상의를 멋지게 걸치고 나왔다
53세라고 믿기지 않는 멋진 사업가다
그녀의 이야기에 귀 기울인다
파리에서 각 지역 매장에 도시락을 납품하다
성공한 사업가로서 파는 여자
꿈꾼 만큼 날아올라
우뚝 선 그녀가 자랑스럽다
성공한 사업가들은
생각하는 차원이 다르다
꿈이 크고 원대하다

희망의 아침이다

유월 달력을 찬찬히 들여다본다
현충일이 다가온다
오늘 내가 누리는 평화의 여정이 보인다
녹음 우거지고 열매가 익어 간다
농부의 마음으로 살 것이다
산자의 기쁨을
온전히 내 것으로 만들어 내는
소중한 아침이다
아침 공기가 달다

의견 조율

세상이 흑과 백으로 나누어지던가
목소리 큰 것처럼 무지가 어디 있던가
자신이 보아버린 안경으로 세상을
재단하는 것이 얼마나 무서운가
알록달록 생김새만큼이나 다양한
환경에서 자란 우리들
꼰대 소리 듣지 않으려면
알고도 모른 체 눈감아야 한다
잘 듣고 잘 설득해야 한다
평화는 그냥 얻어지지 않아
상대를 먼저 생각하는 양보와 관용
자국의 이익이 우선이라 외친
어느 남정네가 낙선되어 기쁘다

동행

토요일 오후 6시 KBS1 프로그램
어려운 이웃의 형편을 찾아내어
희망을 되찾아주는 방송이다
삶의 끈을 놓지 않고 힘을 낼 수 있도록
결단코 외면하지 않는 지역의 선량한 봉사자들은
우리 사회의 안전망이다
누구나 언제든 삶의 수렁으로 빠질 수 있다
내 이웃에 관심을 가져야 하는 이유이다
우리는 같이 길을 가는 사람이다

호강하다

내 주머닛돈 떨어지면 죽는다
어디 가서 땅을 파 봐
1원 하나 나오나
아쉬운 소리는 절대 못해
고생은 짧게 해야지
굵고 짧게 살다가
닥치면 닥치는 대로
유연성을 발휘해
현주소 잊지 않으려
주제 파악해야지
형편껏 분수 알아
호강하는
호강하고
호강 받고
내가 원하는 눈 호강
그런 세월 왔나 봐.

연예인

누구나 좋아해도 된다
그들이 없다면 세상은 심심하다
다재다능한 예능인은
삶의 활력소가 된다
박서진의 장구 소리가
이다지도 좋단 말인가
장구 장단의 몸놀림이
경쾌하다
아침마당에서 처음 본
박서진
풋풋한 미소가 사랑스럽다
그의 노래가 좋다

누가 내 친구인가

누가 내 친구인가

매일 눈 맞추며 라켓 들고 셔틀콕 치는 콕콕 회원
특별한 일정이 없는 한 자연스럽게 클럽으로 모인다
함께 오는 회원도 있고
일하며 주말에만 오는 회원도 있고
스케줄 따라 형편대로 나오는 회원도 있다
이런들 저런들 어떠랴
체육관 들어오는 콕콕 회원들
코로나 체크하고 인사하며
들어서는 회원들 미소가 좋다
개인 방역만이 살 길이다
운동하며 사이사이
바나나 먹고 삶은 계란 먹고
에너지 보충하며 운동하는 세 시간
천국 같은 시간이다
요즘 내 시선은 인생 선배를 주목한다
선배들은 내가 다다라야 할 미래의 자화상
선배가 후배를 살뜰히 챙겨주는
콕콕 회원들이 고마워라
서로의 속내를 나눌 수 있는

소수 정예 회원들 순수하여라
벽을 타고 손잡고 넘는
담쟁이처럼 아름다워라

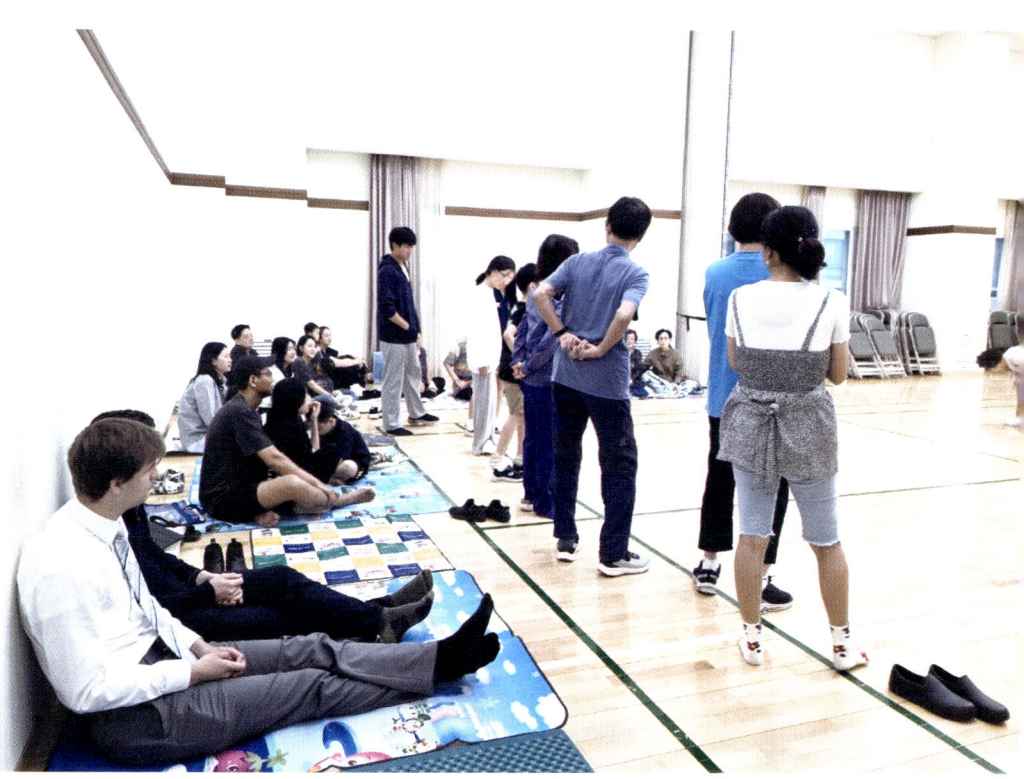

선물

선물 주는 사람이 중요하지 않다
선물은 받는 사람이 중요하다
누가 주었든 받는 사람이
그것을 어떻게 간직하고
어떻게 나눌지 보는 것이다
남이 어떻든 나 자신에 집중하자
모두에게 주어진 24시간보다
귀한 선물이 어디 있단 말인가
어울리는 시간과 혼자 있는 시간
치우치지 말고 나누어 쓰자
몸과 마음을 잘 조절해 보자

경성축구회

새벽 아침 공기를 가르며
운동장을 누빈다
운동하고 샤워하고 아침 먹고
일터로 움직이는 사람들
이 얼마나 건강한 생활인들인가
우연히 들여다본 학교 운동장
비가 오면 빗속을 뛰고
눈이 오면 눈을 맞으며
사계절 그들의 함성이 들린다
매일 얼굴을 맞대는 선후배
온갖 애경사를 서로 챙기며
끈끈한 정을 나눈다
각각의 직업은 다르지만
축구공 하나로 몇십 년을
살갑게 지내는 좋은 이웃사촌
회장님 총무님 감독님 고문님
서로 봉사하며 다독이는 회원들
그들의 일상이 아름답다

수호천사

목포역을 향해 걷다
눈에 띈 글자
수호천사

오늘이 있기까지
나를 돌봐 준
부모님
영감

이제는 나도
누군가의 수호천사

나를 지키고
너를 지켜 주는
수호천사

가볍고 단순하게 살자
주변을 다독이며

사랑

난 사랑을 몰라
그냥 내 식대로 사랑을
표현하라면
먹이고
입히고
재우는 거야
그리고 안전한지 살피는 거야
뭐가 필요한지 묻는 거야
그리고 마음을 읽어내려
애쓰는 거야

짧은 글의 매력

언제부터인가
짧은 글이 나를 붙잡는다
어디서든 만날 수 있는 시 한 편
소리 내어 읽고 싶은 글
거칠어진 마음을 조용히 적셔 주고
위로해 주는 글
함축된 이미지와 그림들이
영상처럼 떠오르는 글
그 글 속으로 빠져드는 아침

새 계명 이야기

하나님을 사랑하라
네 이웃을 사랑하라
우선순위를 찾지 못했지
눈에 보이는 것들을 좇아
세미한 음성에 귀 기울이지 않았어
이제야 들리네
나를 살리는 그 말씀
하나님을 사랑하라
그 어떤 것도
대신할 수 없네
호흡 있는 순간까지
예배드리리
하나님 한 분으로 만족하리

안동역에서

안동역은 경북 안동시 송현동에
위치한 중앙선 철도역입니다
청량리에서 출발합니다
1940년 설치된 급수탑은 12각형의 구조물입니다
형체가 독특하여 국가등록 문화재입니다
가수 진성 씨의 40년 무명 생활을 청산해 주고
스타 가수의 반열에 오르게 한 효자곡입니다
최강산이 작곡하고
김병걸 씨가 작사하여
2008년 발표되었습니다
2012년 정경천 씨가 복고풍 리듬으로
편곡하여 역주행한 곡입니다
안동역 앞에 노래비가 세워졌습니다
진성 씨는 안동역을 알린 공로로
안동시 명예 역장과 명예시민으로
임명되었습니다
진성 신웅 김용임 김란영 씨는
트롯 메들리 4대 천왕입니다
첫사랑의 만남과 이별을 노래한
안동역에서가 국민가요가 되었습니다

노래방 애창곡 일 순위 노래입니다
리듬 좋고 가사 좋습니다
전주가 나오면 어깨가 들썩들썩합니다
보릿고개, 태클을 걸지 마, 동전 인생,
우리 모두의 인생 이야기입니다
상경하는 산악회 버스에서
노래방이 시작되었습니다
총무 언니가 허스키한 목소리로
진성의 안동역에서 부릅니다
떼창으로 합창합니다
역시 최곱니다

좋은 사람들이 있는 곳으로

그런 사람들 곁으로 가요
이만큼 살아보면 알게 돼요
좋은 조직 안에 소속된 기쁨을
지금 어디에 있나요
서 있는 곳이 어디일까요
행복의 파랑새가 어디 있는지
우린 알고 있어요

봄이 오는가 봐

거제에는 해풍에 흔들리는
여린 쑥이 고개를 내밀었대
꽃망울을 터트렸다는
구례 산수유가 시냇물 따라
우릴 유혹해
오동도 동백꽃 피고 지고
죽방렴엔 멸치 떼가 몰려와
아직 시린 바람이 옷깃을
여미게 하는데

지우개가 필요해요

사랑은 연필로 쓰라는 말
그 말 진리예요
유한한 삶을 살다 가니까요
천년을 살 것처럼 살지 말아요
순간에 집중하며 살아요
오늘 만나는 그 사람이 중요해요
통하는지 안 통하는지
관찰하세요
눈빛을 보서요
표정을 보서요
그리고 상대의 말에 집중해요
진정성 없는 친구는 굿바이

섬 처녀

티 없이 맑은 눈을 가진
가슴 설레게 한 섬 처녀
젊은 날 파도 같은 편지
갈매기 우체부 되어
육지와 섬을 오가네
심쿵한 가슴으로
뜯어본 꽃 편지 봉투
나 결혼해요
청천벽력 소식 앞에
망연자실한 나날들
마음을 다스리기 힘든 시간
가지 말라고 가지 말라고
애원하다
가슴 아리고 시린 봄 여름 가을 겨울
그녀와의 인연은 여기까지일까
해병이 주둔하는 섬 백령도
건장한 사나이의 신부가 되어
나를 떠난 첫사랑

고운 친구에게

싸리꽃 꺾어 화관을 머리에 얹어 주는 너
어찌 이리 이쁘냐고 날 웃게 하는 너
경주에서 가져온 나물
신문지에 펼쳐 놓고 이건 뭐니 묻는 너
고딩이국 택배 보낼게 하니
나를 끌어안고 좋아하는 너
당귀 무침 내 앞으로 밀어주는 너
대전역 배웅하며 눈물 글썽이는 너
내가 토라져 쏘아붙이면 가만히 듣고 있는 너
어디든 같이 가자며 먼저 연락하는 너
시모와 친모 인사드리고프다는 너
아침이면 잘 잤니 먼저 인사하는 너

싱그러운 청춘을 위하여

아프니까 청춘이다
어느 시기인들 아픔 없을까
여기저기 청첩장이 온다
기쁜 소식이다
청춘들의 앞날에 축복을 빌어 본다
부디 거센 파도가 몰아쳐도
두 손 꼭 잡고 파도를 타야 한다
화촉을 밝히는 양가의 기대와
친구들의 축복 속에 이제 첫발을 내딛는다
호흡을 잘 맞출 수 있기를 빈다
파트너십이 필수다
웨딩마치 따라 걷는 순백의 신부와
신랑이 서로 깊이 사랑하길
먼발치에서 빌어 본다

케니 G의 연주를 듣다

서울대 캠퍼스 야외 음악당
케니 G의 색소폰 연주가
해거름을 주홍빛으로 물들인다
점심은 KBS 본관 식당에서 짜장면을
먹고 여의도 공원을 한 바퀴 돌았다
서울대 가족을 위한 음악회에
지인의 초대로 참석한다
풋풋한 새내기들은 누워서 끌어안고
셀카 찍고 학생들의 귀여운 모습이다
왕벚나무 꽃잎이 다 떨구어지고
겹벚꽃 몇 그루가 꽃잎을 피우고 있다
산자락 기슭에 쑥이 눈에 띈다
가수 거미의 노래로 음악회를 시작한다
그녀의 음색은 애절하다
노래를 들으며 응달진 곳 여린 쑥을 뜯는다
아리랑과 타이타닉 주제가가
교정에 울려 퍼진다
관객들과 하이 파이브 하는
케니 G의 모습은 멋진 신사다

파워풀한 리듬으로 관객을 사로잡은
드러머가 돋보인다
흐뭇한 감동을 안고 5511번 버스를 타고
교정을 빠져나오다

폭풍 속에서

폭풍 속에서 살아남아
별이 될까
별이 되어 또 다른 별을
탄생시킬까
이만큼 살아 보면
세상살이 보일까
지상의 일을 생각해 보고
하늘의 일을 생각해 본다

물가에 버드나무 같은

365일 밥상에 오르는 김치는
젓가락이 제일 먼저 가요
발효 공학의 진수니까요
김치가 익어 가는 냄새가
식욕을 돋우어요
집집마다 밥상의 김치를 보면
안주인의 기품이 드러나요
제철 나오는 것들로 담근 김치
한 보시기 특히 백김치가 좋아요
솜씨 좋은 아낙들은
집안의 보물이에요

충고

남의 말을 잘 들어주는
의젓한 친구의 얼굴은
꼭 인생 선배와 같아요
어떤 자리에서나
한결같이 빛나요
만남을 통해 뭔가 배워요
셋이 모이면 그 자리에
스승이 있다 하죠
매사 신중히 하라는
선배님들의 주옥같은 말씀
식욕은 의욕과 동의어라고
식사를 맛나게 하라네요
입맛 없는 내게

이 집 친절하네

자영업자 전성시대다
생존 전략을 갖고 영업하고 있는가
남다른 성실함과 친절로 무장했는가
속수무책으로 무너져 내리는 이 시점
어떤 선택과 집중을 할 것인가
순리대로 이겨 내자
돈은 직원이 벌어 준다
그들을 지키자
다시 주변을 살피자

일상의 소소한 행복

누군가와 아침을 같이 맞이한다는 건
소찬이라도 정갈하게 차려 식탁에 앉는 건
사람의 온기가 느껴지는 손님들이 온다는 건
뭐라도 만들어 젓가락을 주며 맛보라는 건
온수로 샤워하고 속옷과 양말을 주물럭거려 너는 건
식사와 간식 후 자연스레 칫솔을 들어 치카치카 하는 건
지인과 통화하며 상대 이야기 듣고 추임새 넣어주는 건
헤어지며 버스가 떠날 때까지 서서 손들어주는 건
작은 선물 챙겨 주소 들고 우체국 택배 송장 쓰는 건
매일 만나는 민턴 회원들과 맛난 점심 함께하는 건
동네 분식집에 들어가 메뉴판 천천히 읽어보는 건
월드컵 공원 110만 평 중 평화공원 잔디밭 걷는 건

3

잘 늙으면 청춘보다 아름답다

잘 늙으면 청춘보다 아름답다

하루해가 기우는 노을을 꼼짝 않고 바라본 적 있어
퇴근길 한강대교 흔들리는 버스에 서서
한강을 붉게 물들이는 노을을 바라보았지
어린이집에서 나를 기다리는
민이 원이 눈 빠지게 엄마를 기다리는
어린 아들 생각했어
서천 연수원 전망 좋은 방에서
혼자 바라본 노을
2박 3일 온전히 침묵 속에 바라보았지
읽던 책, 두 권
식당 혼자 가기 싫어서
편의점 먹거리로 때우며
산책하곤 했어
혼자 오롯이 바라본 서해의 노을
침묵 속에 바라본 붉은 노을은 한결같았지
바닷속으로 풍덩 빠지는 노을
귀갓길 이태원 거리의 노을은
다르게 느껴져
나도 쉼을 옆지기도 쉼을
선물로 받은 지금 청춘보다 더 아름답다는

선물 같은 노년의 노을
내게 한 번 더 젊음을 되돌려 준다면
후회 없이 살아낼 수 있었을까
환갑 진갑 지난 아지매가 바라보는 노을 속엔
더 많은 풍경이 담겨 있어
바로 이거야 이렇게 늙어가자

기도합니다

형님
안 좋은 옛 과거들은
빨리 잊어버리고
훌훌 털어 버려요
그래야
형님이 아프지 않고
마음 편히 살 수 있어요
나도
어머님한테
남편한테
받은 상처 많지만
잊어버리고 사랑할 수 있게
해 달라고 기도합니다
매일 술로 사는 남편이지만
불쌍히 여깁니다
술을 끊게 해 달라
기도합니다

여자는 원래

그래요
참 그래요
얼마나 사랑스러운지요
단순해요
사랑해 주면
사랑받으면
예뻐져요
미소가 가득해요
사는 게 힘들어도 웃어요
새벽에 일어나 신나게 밥을 해요
순서대로 밥을 먹여요
현관을 나서는 아들딸을 안아줘요
남편이 입을 속옷부터 넥타이 와이셔츠 양말 손수건까지
침대에 쭈우욱 챙겨요
누군가 먹다 남긴 밥을 물 말아 한술 떠요
라디오를 켜요
창문을 열어요
방문을 열어요
왕자님 방부터
머리카락 가득한 공주님 방

하늘 같은 주군이 머물다 출근한 안방까지
정리하고 쓸고 닦아요
온 집 안에 새 공기를 들여놓고 나서야
책상에 앉아요
조간신문을 펴요

겨울 장미

메마른 장미가 눈송이를 이고 있다
봉오리 되어 눈길을 잡았던
그 찰나가 지나 한 잎씩 꽃송이
펼치며 말을 걸었지
나를 꺾지 말아요
널 꺾는 손길은 결코 가만두지
않겠다고 가시들 숨기고
가만히 다가가 눈 맞추고 향기를 맡네
장미 터널을 지나 갖가지 이름의
장미를 들여다보며 담아보네
포도송이처럼 줄줄이 피어나는
장미 송이 어쩜 지는 꽃도 이뻐라
6월이면 피기 시작하는 너희들
뜨거운 여름 아찔한 향기로
벌과 나비 인파를 모으고
맨 먼저 단풍 들기 시작한
담장의 담쟁이 사이로
그 작은 키로 날 바라보았지
북풍이 몰아치는 겨울 아침
물기 하나 없는 메마른 꽃잎에
하얗게 분을 바르네

애인이 있어요

있다고 자랑할까요
꼭꼭 숨겨 놓을까요
애인이 있다면 좋을 거예요
우린 꿈을 꾸어요
아무런 잣대를 들이대지 말아요
불륜이라 말하지 말아요
눈꽃처럼 순결한 단어잖아요
새싹처럼 올라오는
부풀어 오르는 기운을 밟지 말아요
뒤에서 흉보지 말아요
아무것도 따지지 말아요
바라보기조차 눈부신
햇살 같은 애인이 있어요

현충일에 오신 대구 오라버니

첫 시집 오빠야를 사 주시고
나의 글 독자가 되다
매일 보내는 글 중 맘에 드는 글을 만나면
밴드 이곳저곳에 올려 주신다
첫 시집을 환갑 지나 출간한다
첫 시집을 구입하신 분들과
카톡 친구가 된다
대구 오라버니 잠시 시간 내어
KTX로 서울역에 도착한다
점심 드시고 다시 가야 하는
촉박한 일정이다
좋은 생각 6월호와 나태주 대표 시선집
풀꽃 책 두 권을 건네주신다

황혼의 식탁

어둡고 쓰라린 과거의
보상을 해 주는 착한
두 아들의 선물
마음이 힘들다고 보채면
그 선물들을 한참 쳐다본다
소 닭 보듯 곁에 있는 남정네
마주 앉은 소박한 밥상
오늘 일정을 물어본다

어버이날 다음 날 오후

충무로 진양상가 골목에서 만난
생선 트럭 아저씨는 눈빛이 맑다
명함을 달라니 주신다
50년생 최낙문 씨다
이 자리에서 30여 년째 생선을
팔고 계시다
주말과 공휴일을 제외하곤
늘 오후에 이 자리에서
단골손님을 기다린다
오후 7시 떼온 생선을 다 팔고 가신다

오징어 세 마리 만 원
가자미 다섯 마리 만이천 원
갈치 다섯 마리 만 원 구입했다

깨끗이 손질하여 비닐봉지에 담고
신문지에 돌돌 말아
노보텔 종이 상자에 담아 주신다
삼만 이천 원 생선 보따리 묵직하다
야들야들 오징어 데치고

무 넣어 갈치조림하니 다디달다
제주도 은갈치보단 역시
목포 먹갈치가 더 맛나다
그 아저씨는
약수동 남산맨션을 아들한테 주고
딸이 사는 안양에 거주하고 계신단다
지난해 아내가 곁을 떠나니
허전하다 말씀하신다
아내는 침대에서 주무시다가
뇌일혈로 하늘나라로 이사 가셨다
홀로 남은 아저씬 불광동 집을 정리했다
아들 곁에 안 살고
딸 곁에 사는 이유를 말씀하신다
딸 없이 아들만 둘인
나의 처지를 생각해 본다

마음을 기대고

마음을 기대고
살아야지
기댈 곳이 없다면
기댈 곳을 만들어야 하네
사람을 만나고
사람을 사귀고
미소 짓고 실망하고
그래도 기대고 살아야지
님이 되든 남이 되든
우린 모두 그런 친구들이니까

괜찮아, 괜찮아

명문 여고인 이화여고를
들어갈 수 있었던 것은
내 실력이 아니다
순전히 운빨이다
서울에선 1958년부터(고교 평준화)
일반고는 추첨으로 고등학교에 입학하다
1957년생이 마지막으로
입시를 통해 고등학교에 진학한 세대다
운칠기삼 난 운이 좋다
봉천여중 3회 졸업생인데
당시 추첨으로 이화여고 교정에서
여고 시절 삼 년을 보낼 수 있었다
이때가 내 인생에 절정이었다
우곡(우정의 골짜기)이란 문학 서클
가입하다 역사가 꽤 있는 서클이다
이화여고 서울고 학생들이
가톨릭 회관에서 매주 만나
기라성 같은 선배님들의 애정을
듬뿍 받으며 문학에 심취했다
우리 때는 학교에서 허락한

클럽들이 다양하게 있었다
당시 광화문 근처엔 경기여고
이화여고 서울고 배재고는 이웃집이었다
덕수궁 정동 돌담길 따라 오가다
새침한 여고생인 나는 소아마비
배제고 남학생을 남몰래 사모하고 있었다
짝사랑 대가 신애경이다

어디에 서 있습니까?

나의 가족과 우리의 안전은
어디에 있습니까?
오늘 아침 나태주 시인의
행복을 가만히 읽어봅니다
보이지 않는 세상의 적과 싸우며
우리는 살아남을 수 있을까요?
어떤 일을 하며 어떤 선택을
할지 매 순간 자신을 들여다봅니다

세상을 품은 아이들

가정과 학교 사회에서 탈출한 청소년들
그들의 손을 잡은 명성진 목사
그들의 이야기를 들어주는 참 목자다
대안학교 재단의 어른이 사역지를 헌납한다
작은 부천 둥지에서 포천 일동으로 옮긴다
운동장 교실 숙소 식당 공연장이
갖춰진 넓은 보금자리다

올해의 아쇼카 펠로 세상을 품은
아이들 아버지 명성진 목사
위기의 청소년들과 아름다운 동거
그리고 자립까지 함께했다
어린 영혼들의 이야기에 귀 기울인다
희망의 춘풍이 불어온다

김창옥 티비를 보고

이 남자와 눈을 맞춰 본 적 있나요
제주산이구요 아버지는 청각장애인이죠
어느 날 아버지가 치과에서 창옥 씨에게 전화해서
치과 진료 대금을 결제하게 했어요
아들아 고맙다 라고
김창옥 씨는 거짓이 없어요
자신의 근황을 팬들에게 그대로 전달해요
그의 이야기에 웃고 울어요
그래요 그런 거죠
양탄자의 앞뒤는 다르죠
김창옥 씨의 강연을 듣고 저도 생각했어요
저의 짧은 글로 웃음을 주고 싶다고
어느 신사분이 제게 말하네요
당신만큼 텐션이 높은 여인은 처음 본다고
절 하 선생이라 부르죠
하비비의 준말이에요

꿈속의 사랑

매운 날씨에 꽁꽁 언 내 손과
거친 당신 손을 부여잡고
기도로 하루를 시작하는
연인이 되고 싶습니다

멀리 떨어진 마을에서 아침이면
새소리와 함께 당신과 하루를
시작하고 싶습니다

언 땅 뚫고 나온 냉이와 달래를
무쳐서 소박한 밥상을 나누고
싶습니다

며칠 만에 나온 오일장을 돌며
당신이 좋아하는 자반 한 손을
기름종이에 사서 돌아가고
싶습니다

들판에 핀 꽃들을 가득 따서
항아리에 소복이 담아 당신
책상에 두고 싶습니다

곤한 낮잠에 빠져든 당신 보며
노란 호박전을 부치고 싶습니다

노을이 지고 하늘에 별들이 하나둘
뜨면 국화차 한 잔을 나누며
이런저런 이야기보따리 풀고
싶습니다

당신은 어디 계십니까
당신을 기다리는 저를 알고 계십니까
당신은 내 가슴에 별이 되어
오늘도 반짝이는데

예식을 보며

먼바다 나갈 때 한 번 기도하고
전쟁 나갈 때 두 번 기도하고
결혼할 때 세 번 기도하라
혼배성사 신부님 말씀이다
사랑은 명사이다
그러나 사랑은 동사이다
다행스럽게 아들 둘이
안사람과 아이들을 귀히 여긴다
누가 젊은이들이 철없다 하나
신랑 신부의 앞날을 축복한다

봄날의 산책

햇살 고운 어느 봄날
안양천을 걷다 만난
키 작은 노랑 수선화
깜찍한 봄의 전령사
노란 꽃을 좋아하는
나는 수선화 곁에 앉는다
한동안 바라보다
폰을 열어 다각도로
수선화를 담아 본다
경남 거제 공곶이 농원
동백 터널 지나 만나는
수선화의 물결들
강명식 할아버지가 생각난다

나도 한때는 그랬었지

밴드 활동이 재밌었지
출석도 하고 모임도 나갔지
밴드 올라오는 글에
표정과 댓글로 관심을 표했지
그런 거였지
외로운 어른들의 노는 모습을

나는 모난 돌입니다

나는 원석입니다
제멋대로 생겨먹은 원석입니다
삐죽빼죽 모난 돌입니다
정으로 맞고
망치로 맞고
옆 돌에게 부딪혀 울고
뒷 돌에게 밀려서 저만치 울고 있습니다
나는 생각합니다
언제까지 맞으면 몽돌이 될까 생각합니다
몽돌이 되면 사랑받을 것을 알기 때문입니다

시가 좋아

세상에서 무엇이 제일 좋을까
시집을 읽는 거
눈으로 읽다 가슴으로 스며들면
소리 내어 읽고 필사하는 거
그리고 시집을 가만히 쓰다듬는 거

알아내다

아, 이거야
생각지도 않은 곳에서 선물이 쏟아져
아 맞아 이거야
기대하고 바라고 소망한 그곳은 아냐
내가 발견한 것은 불과 아니라고
곧 알려 주잖아
그리고 또 알아냈어
어느 구름에 비 들어 있는지 모르는 거야
매 순간 최선을 다할 뿐
가고 오는 인연 쿨하게 바라봐
객관적으로 분석해 봐

4

지구촌 나그네 하숙합니다

지구촌 나그네 하숙합니다

내가 만일 하숙을 친다면
나는 하숙 손님 한 분 한 분
맞춤 서비스하고 싶다
우리 집엔 셋방이 열 개
어떤 손님이든 친절히 맞으리
먼저 인사하고
뭘 드시고 싶냐고 물어 장 보고
빨랫감도 방 앞 세탁 바구니에
담아 놓고 출근하라 해야지
하숙방 손님들이 출근하면
햇살 아래 각각 세탁 망에 담아
세탁기를 돌려야지
옥상 가득 빨래를 널어야지
오전 일과를 마치면 올드팝을
들으며 책상에 앉으리
좋아하는 시 몇 편을 골라 읽으리
책상에 발 올려놓고
생각을 모아 보리
오늘 저녁 메인 요리를 생각하며
순서대로 재료들 다듬어가며

좋아하는 최진희 노래 그녀와
듀엣으로 불러야지
하숙집 손님 이름을 불러 보리
어떤 인연이던가
밤하늘 별만큼 수많은 사람 중에
우리 집 지붕 아래
한솥밥 먹게 된 이들
고향도 직업도 각각 다른
타향살이 그들에게
한 줌의 인정을 나누리
방문마다 예쁜 글과 그림을
붙여 드리리
그리고 불편 사항 있으면
쓰라고 메모지도 붙이리

관찰하는 거야

사람들의 언행을 살피는 건 재밌어
매 순간 변화무쌍해
그 사람이 그 사람인데
그 사람이 내가 알던 그 사람인데
어쩜 나이 들어도 옛 모습 그대로이네
아하 그래 벗어나기 힘들었구나
나비가 허물을 벗어 성충이 되어
잠시 날개를 햇살에 말려 나는 것처럼
부모 슬하에서 나 독립하고
나 결혼해서 내 자녀가 성장하는 데도
그 본 태생의 모습은 변하지 않아
답답해 답답해
왜 저러는 거야
그렇게 살고 싶을까
우린 모두 어른 아이일까
성숙이란 단어가 부끄럽다
뭐가 성숙인데

몸값 높이기

어딘가 소속되어 있다
이름값이 올라가면
대부분은 프리 선언을 하며
조직을 탈한다
주가를 높이는 지름길이다
흉내 내기 천재
서울댁
방송사 아나운서
벤치마킹하다

배웠어요

오랫동안 사랑받고 싶다구요
여자 하기 나름
남자 하기 나름

주고받을 수 있는 건 그뿐
한결같은 마음
변치 않는 마음
첫 마음
첫정

눈이 달렸을까요
발이 달렸을까요
제멋대로 통제가 안 돼요

마음아
마음아
마음아

내 님만 바라봐
그리고 눈감아

흥민아 행복하게 축구하고 와

기적의 프리킥을 넣은
손흥민 뒤에는
아버지 손웅정 씨가 있다
서른두 살 아들을
전성기로 이끈 지도자
축구가 무엇인지
주어진 기회는
어떻게 운영해야 하는지
아름다운 은퇴를
준비해 주고 조언해 준다
멀리 보지 않으면
가까이에 근심이 있다
나답게 살지 못하는 것은
방법이 없어서가 아니라
목표가 없기 때문임을 알려 준다
대나무는 뿌리를 내리는 데
5년이 걸린다
지상으로 나왔을 때는
해마다 7센티씩 쭉쭉 자란다
기본을 강조하는 그를 보며
뿌리 깊은 나무를 그려 본다

위대한 이슈는

요즘 내가 주목하는 유튜브
나도 마음 안에 들어 있는
여러 색깔의 마음을 느낀다
난 아픈 손가락이나
특별히 돌아가신 어머니는
내가 얼마나 미웠을까
엄마는 자기 마음 안 알아준다고
나는 나대로 내 마음 몰라준다고
엄마도 나도 할 수 있는 만큼
서로에게 강편치를 날렸다
우린 서로 닮았고
우린 서로 반목했다
설 연휴 빨간 날이 나흘이다
어린 시절부터 한 번도 행복한
기억이 없다
두 분 다 가시고
그저 조용히 지낸다
속 편치 않은 평화지만 괜찮다
설 전에 식사하자는
둘째 사돈의 전화가 반갑다

걸을 수 있을 때

집안 어른 찾아가요
반가이 맞아 주시리
마음 나눌 지인들
흔흔히 보러 가요
자녀들 만나러 가요
길을 나서요
서울역으로 가요
시외버스 터미널로 가요
걸을 수 있을 때
미루지 말아요

쓰러진다는 의미

휴우 하루를 살아 냈다
안전하게 현관문 열고
불을 켠다
구입한 양파 한 봉지
블루베리 두 개 정리하고
보리 옥수수 결명자
씻어 주전자에 물을 끓인다
표고버섯 데쳐
꼭 짜서 어슷썰어 담아
초장이랑 밥상에 올린다
양배추 물김치도 올린다
명절 있는 2월 달력
가족들 생일 네 명 동그라미
시어른들 제사는 절에 모셔
설이 한가롭다
평범한 일상도 쓰러지면
멈춤이다

자식 어려운 줄 알아라

아버지가 말씀하셨지
어린 자식들 앞에서
말다툼하지 말아라
서로 비방하지 말아라
속내 털어놓는 철부지 딸에게
남편보다 더
어려운 게 자식이라고

언어가 예쁜 사람

표준말에 반듯한 음성으로
말하는 서울 아가씨 이쁘다
말주변 없는 경상도 남정네
내 손을 잡는다
예스 노우 정확한 서울 여자
시골 남자 어찌할 줄 모른다
말 안 해도 안다
말이 다가 아니란 것을
눈비 온몸으로 맞으며
묵묵히 가장의 짐을 지고
걷는 시골 선비의 뚝심을

한숨 자고 깨어나

피곤하면 입맛이 없다
과일 몇 조각으로 저녁을 대신하고
일찌감치 불 끄고 누웠다
아직 한밤중인데 일어나
송경배 씨의 대금 연주 감상하고
책장에 눈길이 머문다
둘째 아들 하례식 사진첩을
넘기며 선남선녀의 주인공을
바라본다
2009년 5월 22일
충무로 PJ호텔 저녁 예식
퇴근 후 많은 분이 오셨다
이렇게 아름다운 예식은
처음 본다며 끝까지
함께해 주셨다
기품 있는 신랑 신부는
사 남매를 양가에 선물하고
이국땅에 뿌리를 내리고 있다
에너지 넘치는 며느리는
유타주에서 정식 교사가 되었다

아침마다 도시락 여섯 개 싸서
아이들과 출근한다
며느리와 사돈 내외를 생각하면
기분이 좋다

저녁 메뉴

금호 스포츠 센터를
나서며 오늘 저녁 밥상엔
무엇을 올릴까 궁리하다
두부조림으로 정한다
손두부 한 봉지 새우젓 고르고
한라봉 다섯 개도 담는다
버스 정류장까지 나를 유혹하는
가게들은 무심히 패스한다
아무거나 먹으면 안 돼
밥상을 대하는 마음이 달라졌다
음식을 만드는 마음이 달라졌다
천천히 음미하며 먹는다
오래 살아도 건강하지 않으면
의미가 없다

고미사를 아시나요

고맙습니다
미안합니다
사랑합니다
매일 들어도
언제 들어도
누구에게 들어도
기분 좋은 인사말
자주 나누어요
눈빛으로 나누어요
표정으로 나누어요

지구별 여행자

우리 모두는 지구별 여행자
잠시 왔다 지구를 떠난다
선조들이 피로 지켜 낸
아름다운 나의 조국
둘레길 올레길 순례길
길 따라 골목 따라 걷고 싶어라
작가들의 문학관 길도 들러
작가의 작품과
그들의 삶도 들여다봐야지
구례 광양의 꽃소식 기다려야지

아이들을 사랑하라

꿈을 안고
대서양을 건넌다
공부하고 일하며
가난한 살림을 꾸려 간다
이국땅 선한 이웃들은
그들의 울타리
사 남매 보듬으며
구김살 없이 돌본다
때때로 보내는 가족사진
아이들 웃음소리
분수처럼 하늘 높이
솟아오른다

예순네 번째 생일에

오늘은 음력 정월 7일이다
효현댁 장남 53년 뱀띠 남편은
가장 좋은 인(寅)날에 태어났다는
엄니의 짝사랑이다
어찌 화살표가 그리 연결되었는지
한집에 기거한다
함께 산 지 38년째 진입하고 보니
다시 신혼으로 돌아왔다
멋대가리라고 눈 씻고 찾아봐도 없는
인정머리라고는 없는
키 큰 아저씨와 티격태격한다
작년엔 시부와 하나밖에 없는 시동생이
한 해에 가셨다
집안이 텅 빈 거 같다
엄니 보살펴드리며 경주에서 지내려 갔는데
그건 우리 생각이다
당신 혼자 요양보호사랑 지내고 싶은 걸 모른다
뒤숭숭한 시간 생각이 깊어진다
어제 귀가하며 사 들고 온 케이크는
어제 먼저 먹었다

오늘 아침 들깨미역국, 계란말이, 굴전, 콩나물,
물미역 무침, 과일 깎아 간단히 생일상 올렸다
찰밥 대신 서리태 넣어 콩밥 했다
요즘 문화심리학자 김정운 교수님의
책을 읽고 있는데 잼나다
남편과 내가 건강한 생활을 유지하며
길어진 노후를 어찌 보내야 하나
생각이 깊다
우린 서로 간섭하지 않고 편하게 지낸다
알콩달콩 살아보지도 않았지만
아버지같이 나를 잘 돌봐주고
내가 하고 싶다는 것은 한 번도 안 해 준 적 없는
꽤 남자다운 사람이다
난 밥상에 신경을 많이 쓴다
좋다는 건 고루 올린다
내가 잘하는 거다
우린 고비고비 넘기고 여기까지 살아 냈다
키 큰 아저씨도
이젠 할아버지가 되어 밥상을 받는다
큰 병 없이 살다 가고픈

평범한 소망을 갖고 산다
많이 웃게 해 주자
영감 생일 축하해요
처자식 부양하느라 고생이 많다
내 별명은 여자 이주일이다
좀 푼수 여편네다

첫차를 타는 사람들

버스도 조조할인 시간대가 있다
아무리 생각해 봐도 참 고맙다
일찍 일터로 나서는 사람들은
우리 사회에서 꼭 필요한 직장인들
우리 모두 쾌적한 환경을 원한다
늘 그들에게 고마움을 간직하고 있다
우리의 편안하고 깨끗한 일상은
그들의 수고로움에 있다
그들에게 미소로 인사하자
버스에 오르며 기사 아저씨에게
안녕하세요 인사하듯
겨울 새벽 버스정류장엔
오늘도 우리의 이웃 아주머니
이웃 아저씨들이 버스를 기다린다

한별님

송내역에서 올려다본 하늘에 반달 떴다
달 속에 있는 그 누구를 생각한다
인천 만수동에 선한 남정네 산다
손가네다
간고등어 김치 전달해주고 스페셜티에서
아메리카노 마시며 수다 삼매경
남자인데 분명 남자인데
여친보다 더 편하다
어떤 속내 드러내도 차분히 끝까지
들어준다
이보다 어찌 더 고마우랴
나들이 같이 가고 싶은 1순위 한별님

만남과 이별에 대하여

떠나는 사람은 조용히 보내라
다가오는 사람은 설렘으로 맞이하라
어느 한쪽이 마음 변했다면 돌아서라
돌아서는 사람을 자연스럽게 놓으라
우리 인생은 시절 인연임을 기억하라
사랑도 우정도 올인하지 마라
사랑도 우정도 올인하지 마라
사랑도 우정도 손익 분기점이 있다
할 수 있는 만큼만 한다

맺음말

유월의 녹음이 짙푸르게 그늘을 만들어 주는 초여름이다
오늘은 한국 전쟁이 발발한 6.25 화요일이다
전 세계 16개국의 젊은이들 피를 거름 삼아
조국은 70여 년의 세월 동안 한강의 기적을 이루어 냈다
삼성 현대 기업주에게 경의를 표하고 싶다
애국자는 이들이다
700만 교포들이 각 나라의 엘리트 집단이다
이스라엘 민족을 뛰어넘었다
국가의 발전 속에 나 역시 치열한 개인사를 기록한다
두 아들 자리잡고 둘만 남았다
화양연화 시간 속을 지나고 있다
꿈이나 꿀 수 있었을까
눈 뜨면 눈 감을 때까지 버킷리스트 실현하며 사는 나날들
드디어 내게도 눈부신 시간이 왔다
내 꿈을 펼칠 수 있는 시간들이다
미소가 떠나지 않는다

그래 잘했어 그래 잘했어
드디어 집에서 인정을 해 준다
키 큰 아저씨가 살맛 나게 응원해 준다
눈물 왈칵 쏟아질 만큼 뭉클하다
내 이름 석 자 신애경 욕되게 하지 않으리
바보처럼 살다 바보를 자처하며 살다 바보는 웃는다
2집 샛별처럼 500여 권 나갔다
구입해 주신 분들께 인사드린다
정이 메말라 가는 시대 내 글이 위로가 되었으면 좋겠다